30 dias com o Sagrado Coração de Jesus

Coleção Vida Cristã

- *As doze grandes promessas do Sagrado Coração de Jesus*
  Celina H. Weschenfelder

- *Rezando com Nossa Senhora: as alegrias, as esperanças, as dores e as glórias*
  Maria Belém

- *Trinta dias com o Imaculado Coração de Maria*
  José Carlos Ferreira da Silva

- *Trinta dias com o Sagrado Coração de Jesus*
  José Carlos Ferreira da Silva

- *Um mês em oração pela família*
  José Carlos Ferreira da Silva

JOSÉ CARLOS FERREIRA DA SILVA

30 dias com o Sagrado Coração de Jesus

Paulinas

Dados Internacionais de Catalogação na Publicação (CIP)
(Câmara Brasileira do Livro, SP, Brasil)

Silva, José Carlos Ferreira da
30 dias com o Sagrado Coração de Jesus / José Carlos
Ferreira da Silva. – 5. ed. – São Paulo : Paulinas, 2012.
(Coleção vida cristã)

ISBN 978-85-356-3236-1

1. Devoções diárias 2. Espiritualidade 3. Livros de oração
e devoção I. Título. II. Série.

12-07629 CDD-242.2

Índice para catálogo sistemático:
1. Sagrado Coração de Jesus : Devoções diárias : Cristianismo 242.2

Direção-geral: *Flávia Reginatto*
Editores responsáveis: *Vera Ivanise Bombonatto*
e Antonio Francisco Lelo
Copidesque: *Mônica Elaine G. S. da Costa*
Coordenação de revisão: *Marina Mendonça*
Revisão: *Equipe Paulinas*
Direção de arte: *Irma Cipriani*
Assistente de arte: *Sandra Braga*
Gerente de produção: *Felício Calegaro Neto*
Projeto gráfico: *Telma Custódio*
Capa e diagramação: *Wilson Teodoro Garcia*

5ª edição – 2012
7ª reimpressão – 2023

Nenhuma parte desta obra poderá ser reproduzida ou transmitida
por qualquer forma elou quaisquer meios (eletrônico
ou mecânico, incluindo fotocópia e gravação) ou
arquivada em qualquer sistema ou banco de dados
sem permissão escrita da Editora. Direitos reservados.

Paulinas
Rua Dona Inácia Uchoa, 62
04110-020 – São Paulo – SP (Brasil)
Tel.: (11) 2125-3500
http://www.paulinas.com.br
editora@paulinas.com.br
Telemarketing e SAC: 0800-7010081
© Pia Sociedade Filhas de São Paulo – São Paulo, 2010

Coração Santo, tu reinarás;
Tu, nosso encanto, sempre serás.

Canto popular

A Monsenhor Dalton,
pela revisão e dicas valiosas.

A Dom Luiz Mancilha Vilela, pelo incentivo
e pela devoção ao Sagrado Coração.

A Irmã Helena Coraza,
pela amizade maternal.

A Monsenhor Antônio Rômulo Zagoto,
pela amizade paternal.

Apresentação

Desde muito cedo aprendi a amar o Sagrado Coração de Jesus. Muitas vezes me vem à memória a sua imagem, estampada num velho quadro que, por muitos anos, fez parte do meu dia a dia, na sala da minha casa materna. Inúmeras foram as vezes em que, na minha adolescência e juventude, me entretinha com Deus, a partir daquela imagem do Sagrado Coração de Jesus que parecia olhar a minha alma. Não foram poucas as vezes em que, com toda sinceridade e simplicidade, repetia incessantemente: "Sagrado Coração de Jesus, fazei meu coração semelhante ao vosso".

Mas tarde, durante a vida de seminarista, ao partilhar um dia com meu diretor espiritual aqueles episódios da adolescência e juventude, descobri que, ao me deixar entreter com Deus, estava num profundo mergulho na oração. Descobri, naquele momento, que rezar ou orar é um entreter-se em e com Deus.

Ao iniciar a faculdade de teologia, não demorei a descobrir que, em quase todas as culturas, o coração não é apenas um órgão bombeador de sangue, mas a sede dos afetos. No estudo da teologia bíblica, percebi claramente que o coração aparece como o lugar onde a pessoa encontra Deus.

Atualmente, na minha vida de padre, além da prática das orações recomendadas pela Igreja e das celebrações dos sacramentos com as comunidades, aprendi a dedicar um pouco do meu tempo para ocupar-me com e em Deus, através do método da oração escrita. Dessa forma, nas páginas deste livro você encontrará algumas preces que, inspirado pelo Espírito Santo, dirijo ao Pai, num encontro afetivo no coração glorioso e sagrado do seu Filho e nosso irmão, o Cristo Jesus. Esta é a fonte do livro que se encontra em suas mãos.

Neste sentido, guarde bem no seu coração, ele nasceu da intenção de ser, apesar da sua singeleza, mais um instrumento para o seu encontro com Deus. Por isso, ao folheá-lo e ao dirigir estas preces ao Sagrado Coração de Jesus, saiba que você estará voltando-se para a pessoa inteira de Jesus, com todo o seu projeto de amor, por mim, por você e por toda a humanidade. Portanto, durante estes 30 dias de oração ao Sagrado Coração de Jesus, deixe-se envolver pelo mistério e pela ternura de Deus que nos salva e recria no Cristo. Ocupe-se e deixe-se ocupar pelo amor misericordioso que brota do Sagrado Coração de Jesus.

Por fim, quando iniciar as preces de cada dia, lembre-se: é preciso se deixar entreter com e em Deus.

Coração amado

Ó Sagrado Coração de Jesus,

Que, com tua encarnação,

Te tornaste gratuitamente

Fonte de vida nova aos homens e mulheres,

De todas as raças, línguas e cores.

Coração amado,

Fonte da eterna gratidão,

Dá-me um coração agradecido.

Coração amado,

Fonte da eterna felicidade,

Inflamai meu coração da tua alegria.

Coração amado,

Fonte da esperança,

Aumentai no meu coração a tua confiança.

Coração amado,

Fonte da fé,

Convertei meu coração aos teus projetos.

Coração amado,

Fonte da generosidade,

Abre meu coração a tua bondade.

Coração amado,

Fonte da serenidade,

Aumentei no meu coração o desejo da paz.

Coração amado,

Fonte da misericórdia,

Abre meu coração ao teu divino perdão.

Coração amado,

Fonte do respeito ao próximo,

Educa meu coração para o amor aos irmãos.

Coração amado,

Fonte do encontro com Deus, nosso Pai,

Encaminhe meu coração

Para a oração afetuosa com a Santíssima Trindade.

1º dia

Ó Sagrado Coração de Jesus

Que, com tua encarnação,
Te doaste livremente,
Como oferenda divina e agradável ao Pai,
Pela salvação do mundo

Dá-me um coração sensível ao teu amor, confiante em tua ação, capaz de enfrentar a dor. Por amor ao Pai e aos meus irmãos e irmãs.

Dá-me um coração que busca, sem limites, o teu divino amor, sensível à tua ação, sempre ao teu dispor, independentemente das situações que o cotidiano me oferece.

Dá-me um coração aberto ao teu coração, que acolha o teu amor com profundidade, como um jardim, a flor, como a terra sedenta acolhe a água, como ao rio acolhe o mar.

Dá-me um coração semelhante ao teu coração, que ame os meus irmãos, sem condições e preconceitos, no meu círculo de amizade seja esperança viva, que no mundo seja luz irradiante.

Dá-me um coração novo capaz de semear, com gestos e palavras, a tua verdade,

No coração do teu povo, com ternura e caridade.

Graça do dia: Ó Sagrado Coração de Jesus, em tua divindade, dá-me um coração capaz de acolher e viver, em meus gestos e palavras, cada passo e ações que experimentaste em tua humanidade.

2º dia

Ó Sagrado Coração de Jesus

Que, com tua encarnação,
Experimentaste o céu e a terra,
Com profundidade

Não permitas que meu coração fabrique derrotas, ilusões e cansaços desnecessários.

Não permitas que meu coração fabrique desesperos, ansiedades e preocupações sem motivos.

Não permitas que meu coração fabrique medos que me escravizem e fantasias que me paralisem.

Não permitas que meu coração seja seduzido pela idolatria do mercado, das compras desnecessárias.

Não permitas que meu coração seja um aliado da tristeza e espalhe no dia a dia as sementes da frustração.

Não permitas que meu coração seja escravo dos meus defeitos e viva a serviço das feridas do passado.

Não permitas que meu coração se deixe assaltar pela ansiedade que consome a paz.

Não permitas que meu coração se deixe assaltar pela ignorância que gera confusões.

Não permitas que meu coração se deixe assaltar pelo desejo de vingança que intoxica a alma.

Abre meu coração ao teu sagrado amor, para que eu aprenda a cuidar de tudo o que nele existe, sem nada discriminar.

Abre meu coração ao teu sagrado amor, para que as sementes negativas que nele existem não assumam o comando da minha existência.

Abre meu coração à necessidade do cuidado e do amor a mim mesmo, base do cuidado e do amor ao outros.

Graça do dia: Ó Sagrado Coração de Jesus, rega com tua graça as sementes do amor a mim mesmo e ao próximo, que o Pai, na força do Espírito, plantou em mim.

3º dia

Ó Sagrado Coração de Jesus

Que, com tua encarnação,
Viveste plenamente os desafios do coração humano,
Experimente no próprio corpo
O injusto julgamento da Cruz
E a força grandiosa da ressurreição

Concede-me um coração que busque, todos os dias, a reconciliação com o Pai, com os irmãos e com a criação.

Concede-me um coração capaz de recomeçar, capaz de compreender, capaz de perdoar e acolher o perdão do Pai, dos irmãos e, principalmente, de mim mesmo.

Concede-me um coração que encontre e reencontre o teu divino amor naqueles e naquelas que, no cotidiano da minha história, com palavras e ações, ferem a minha existência.

Concede-me um coração que não desanime nas noites escuras da fé, quando a decepção acortina as molduras das estações da minha via-sacra.

Concede-me um coração capaz de enfrentar com ternura e paz as horas difíceis das Sextas-Feiras da Paixão, que, de vez em quando, tomam conta da minha existência.

Concede-me um coração que busque, conheça e viva na intimidade a tua forma de amar cada ser humano, independentemente das suas condições físicas, emocionais ou econômicas.

Concede-me um coração que confie, sem medida, na tua misericórdia, na tua entrega livre e incondicional à vontade do Pai.

Concede-me um coração disposto a perdoar, capaz de perdoar, perseverante na espera, livre para a entrega ao teu serviço.

Concede-me um coração com a disposição que brota do teu divino coração, para cumprir a santa vontade do nosso Pai, inspirado pelo Espírito Santo que nos guia.

Graça do dia: Ó Sagrado Coração de Jesus, concede-me um coração que ame cada ser humano à medida do teu divino amor pela humanidade.

4º dia

Ó Sagrado Coração de Jesus

Que, com tua encarnação,
Para fazer a vontade do teu e nosso Pai,
Enfrentaste do presépio ao altar
Os desafios da vida

Tu que és a fonte da coragem, livra-me do medo e da falta de esperança, dá-me coragem diante dos desafios que a vida cada dia me oferece.

Tua vida foi um desafio sem fim; conta-me o teu segredo, para que eu faça, a cada minuto, minha opção cotidiana pela vontade amorosa do nosso Pai.

Tu que és a fonte do amor fraterno, livra-me da desconfiança que, muitas vezes, toma conta do meu coração, não permitindo uma relação sincera e verdadeira com aqueles e aquelas que convivem comigo no dia a dia. Conta-me o teu segredo, para que não deixe faltar a nenhum dos meus irmãos a ternura que aprecio no teu coração.

Tu que és a fonte da serenidade, livra-me da falsidade, das relações fingidas; tu que és a fonte da caridade, aponta-me os teus caminhos, livra-me do jeito mesquinho.

Tu que és a fonte da justiça, dá-me a tua coragem, livra-me da lei da vantagem. Coração Divino, fonte do encontro verdadeiro com a vontade amorosa do Pai, livra-me da oração evasiva e alienante, contraposta à tua forma silenciosa e verdadeira de se encontrar com o Pai. Abre os meus ouvidos para que, movido pelo mesmo Espírito que te inspirou e acompanhou, eu escute e encontre, em toda a minha existência, o amor restaurador que brota do teu coração de Ressuscitado.

Graça do dia: Ó Sagrado Coração de Jesus, Coração do Ressuscitado, com a força do Espírito que te tirou da morte, abre a minha existência a uma oração de encontro com a tua presença amorosa e atuante no coração do mundo.

5º dia

Ó Sagrado Coração de Jesus

Que, com tua encarnação,
Te tornaste fonte da vida,
Autocomunicação amorosa do Pai à humanidade

Coração fonte do amor do Pai, ensina-me a amar, como sempre amas tua Igreja, a comunidade dos teus seguidores, movidos pelo Espírito Santo.

Coração fonte da unidade, mostra-me que, como autocomunicação de Deus à humanidade, estás sempre no centro de cada comunidade reunida em teu nome.

Coração unido ao coração do Pai, ajuda-me a conviver em harmonia com aqueles que acolhem na fé o teu Evangelho; concede-nos a graça de viver dele, nele e por ele.

Coração divino, que pela força do Espírito Santo nos congregas no coração do Pai, educa meu coração para a percepção de que, enquanto comunidade, somos, a cada dia, chamados a manifestar na história as ações do teu divino coração.

Coração divino, que pela força do amor do Pai, movido pelo Espírito Santo, te tornaste fonte da vida para cada comunidade cristã, presente em cada canto do mundo, ajuda-nos, como comunidade reunida em teu coração, a não esquecer que não existimos para nós mesmos, mas para o santo serviço do teu reino.

Coração amoroso, ajuda-nos, como comunidade reunida por teu amor, a descobrir que o nosso maior tempo deve ser gasto com homens e mulheres destinatários do amor e da benevolência do Pai, e não com as estruturas desumanas e desnecessárias.

Coração que comporta o mundo, não nos permitas que, ligados a uma pequena porção do teu povo, neguemos nossa ajuda e solidariedade às demais porções ligadas ao teu divino coração, em todas as partes do mundo, onde quer que haja autêntica adoração ao teu divino ser.

Coração fonte da toda a verdade e luz, não permitas ao nosso coração, fraco e pecador, a pretensão desmedida de nos constituir em sacramento do teu coração sem uma confiança plena de que tua manifestação e presença se tornam, a cada dia, atuante no coração de homens e mulheres reunidos em teu nome.

Graça do dia: Ó Sagrado Coração de Jesus, Coração amoroso, ajuda-me a perceber que a tua Igreja, comunidade convocada pelo Pai, através do Espírito para ser sacramento, teu sacramento, ultrapassa as fronteiras da minha pequena convivência cotidiana.

6º dia

Ó Sagrado Coração de Jesus

Que, com tua encarnação,
Instituíste a Eucaristia,
Como gesto concreto da tua entrega pelo mundo

Coração Sagrado, Eucaristia sempre atuante, ajuda-me a compreender que, longe da comunhão do teu corpo e sangue, estarei longe da festa da fraternidade, festa da comunhão dos homens entre si e com Deus, nosso Pai.

Coração Sagrado, fonte de vida e dignidade, ajuda-me a compreender que não há vida à margem do teu amor, que fora do teu amor não há vida. Não nos deixes esquecer de que a violência reinará entre nós enquanto não procurarmos em teu coração a comunhão entre nós e o Pai.

Coração Sagrado, ajuda-me a compreender que quem vive em sintonia contigo vive em Deus e tem a vida eterna. Ajuda-me a compreender que onde há união, onde há liberdade, Deus está agindo através do teu coração.

Coração Sagrado, ajuda-me a compreender que, na tua mesa, ao repartir o teu pão, somos convidados a lutar contra todas as divisões e segregações entre os seres humanos.

Coração Sagrado, ajuda-me a compreender que a Eucaristia é a festa da comunhão fraterna que nasce do empenho da comunidade quando assume, conscientemente, a missão e a tua paixão libertadora, pelo dom do Espírito Santo.

Coração Sagrado, ajuda-me a compreender que a Eucaristia é festa celebrada na esperança suscitada pela tua promessa, que, ao fazer-se caminho, garante-nos que, por teu intermédio, chegaremos à vida.

Coração Sagrado, ajuda-me a compreender que a Eucaristia é uma das manifestações da tua presença de Ressuscitado, que anima a festa no mais íntimo do ser humano.

Graça do dia: Ó Sagrado Coração de Jesus, Coração Sagrado, ajuda-me a compreender que o sacramento da Eucaristia é essencialmente encontro, vida, comunhão entre Deus e os homens, pela presença do teu corpo ressuscitado que nos comunica o teu Espírito.

7º dia

Ó Sagrado Coração de Jesus

Que, com a tua encarnação,
Te tornaste fonte da reconciliação
Da humanidade com a Divina Misericórdia

Educa meu coração a olhar no espelho da minha existência e a enfrentar as verdades que, com tua entrega generosa ao Pai, são a mim reveladas.

Educa meu coração para assumir, na tua presença, minha própria face, sem maquilagens, sem máscaras, sem gesto postiço forçado pelas convivências sociais.

Educa meu coração para reconhecer sempre, na palavra da pregação, a Palavra do Pai que me interpela pessoalmente à conversão e a vida de fé.

Educa meu coração para o reconhecimento de que tu és a Palavra que o Pai comunica ao homem, "Verdade e Vida", e que, ao mesmo tempo, nos revela nossa própria verdade, leva-nos a reencontrar a vida.

Educa meu coração para a acolhida da tua Palavra, provoca em minha vida uma verdadeira conversão, para renunciar aos hábitos e costumes que não condizem com tua vontade.

Educa meu coração para o acolhimento da tua Palavra, dom do Pai, pela comunicação do Espírito Santo que nos une como Igreja.

Educa meu coração para o acolhimento da ternura e da misericórdia do Pai, que, com a tua encarnação, abraça cada ser humano, destruindo o pecado pelo fogo purificador do teu amor.

Educa meu coração para o acolhimento e a proximidade do sacramento da Reconciliação, em que, além de ser readmitido à comunhão eclesial, reencontro a fonte da água viva que o Pai um dia fez brotar em minha vida pelo sacramento do Batismo.

Educa meu coração para a percepção de que a minha vida está marcada pelo amor misericordioso de Deus Pai, em virtude da tua divina encarnação.

Educa meu coração para a confissão da minha culpa pelo pesar de ter ofendido a Deus e aos irmãos, para o firme propósito de retomar o caminho na fidelidade ao teu divino amor.

Educa meu coração para entender que só o Pai perdoa os pecados, mas ainda que ele quis que entrássemos em contato com o seu perdão, através do teu coração de Filho e dos gestos humanos visíveis na história, na comunidade vivificada pelo Espírito, para ser sacramento do teu amor e perdão.

Graça do dia: Ó Sagrado Coração de Jesus, em face da misericordiosa do divino amor do Pai, livra-me do orgulho e da vergonha de me aproximar do sacramento da Reconciliação, expressão da tua imensa ternura por mim.

8º dia

Ó Sagrado Coração de Jesus

Que, com tua encarnação,
Fazes da água batismal
Um convite à vida e à comunhão na Igreja,
Comunidade dos teus seguidores e seguidoras
Movidos pelo Espírito Santo

Ajuda-me, na fidelidade ao Espírito, recebido no dia do meu Batismo, a viver com alegria meu encontro pessoal com a tua graça que nos acolhe no coração da tua Igreja.

Ajuda-me, na fidelidade ao Espírito, recebido no dia do meu Batismo, a procurar cada dia morrer ao pecado, para viver no teu coração a vida que o Pai propõe a nós, os seus filhos.

Ajuda-me, na fidelidade ao Espírito, recebido no dia do meu Batismo, a viver uma vida voltada para os irmãos, nos gestos cotidianos da minha história.

Ajuda-me, na fidelidade ao Espírito, recebido no dia do meu Batismo, a superar em cada momento o egoísmo, morte dolorosa que nos consome a cada instante.

Ajuda-me, na fidelidade ao Espírito, recebido no dia do meu Batismo, a reencontrar, todos os dias, a vida que o teu coração transpassado pela cruz nos trouxe.

Ajuda-me, na fidelidade ao Espírito, recebido no dia do meu Batismo, compreender que sem oração, atenção humilde às tuas propostas, não posso me dizer cristão de verdade.

Ajuda-me, na fidelidade ao Espírito, recebido no dia do meu Batismo, a entender que a água batismal em que fui banhado incorporou-me à tua Igreja, comunidade de salvação, teu corpo universal.

Ajuda-me, na fidelidade ao Espírito, recebido no dia do meu Batismo, a abrir a um relacionamento amoroso com Pai, na praça que teu divino coração, por amor, nos oferece.

Ajuda-me, na fidelidade ao Espírito, recebido no dia do meu Batismo, a compreender que o batismo, antes de ser um gesto humano, é gesto de acolhida divina, na visibilidade da vivência em comunidade.

Ajuda-me, na fidelidade ao Espírito, recebido no dia do meu Batismo, a lutar contra os poderes do mundo que ameaçam escravizar e destruir a vida humana.

Graça do dia: Ó Sagrado Coração de Jesus, ajuda-me, no dia a dia da minha vida, a testemunhar com disposição e confiança as graças recebidas no dia do meu Batismo, mergulho em teu amor infinito.

9º dia

Ó Sagrado Coração de Jesus

Que, com tua encarnação,
Ao manifestar a fidelidade à tua missão redentora,
Foste morto pelos homens e ressuscitado pelo Pai

Abre minha existência à presença do teu Espírito, força que manifesta na história dos homens tua presença ressuscitada através dos sacramentos que alimentam nossa fé.

Abre minha existência à presença do teu Espírito, força que molda a história dos homens a tua imagem e semelhança.

Abre minha existência à força transformadora do teu Espírito, sentido e esperança para a história da humanidade.

Abre minha existência à graça do teu Espírito que nos impele, todos os momentos, a não deixarmos que a maldade se instale em nosso coração.

Abre minha existência à manifestação do teu espírito que transforma nosso desânimo em esperança.

Abre minha existência às ações do teu Espírito que nos leva a viver e testemunhar a força da tua presença em nossa história pessoal e comunitária.

Abre minha existência à presença transformadora do teu Espírito que nos renova e nos traz a paz.

Graça do dia: Ó Sagrado Coração de Jesus, aumenta minha fé na tua presença atuante nos sacramentos da tua Igreja.

10º dia

Ó Sagrado Coração de Jesus

Que, com tua encarnação,
Enfrentaste com dignidade e serenidade
As diversas crises,
Como parte da vida humana

Mostra-me o caminho para que eu enfrente com paz e serenidade as repentinas alterações no meu estado físico, emocional, mental ou espiritual.

Mostra-me o caminho para que eu enfrente com paz e serenidade as fases críticas em minha vida social, períodos em que ocorrem as fortes rupturas, alterações em meus costumes e estruturas.

Mostra-me o caminho para que eu enfrente com paz e serenidade os momentos em que pouco disponho dos recursos emocionais, físicos, espirituais ou materiais necessários para solucionar problemas.

Mostra-me o caminho para que eu enfrente com paz e serenidade os momentos em que pouco disponho dos recursos emocionais, físicos, espirituais ou materiais necessários para lidar com minhas perdas, mudanças, incertezas e vazios existenciais.

Mostra-me o caminho para que eu enfrente com paz e serenidade os momentos em que sinto no fundo da minha alma, no íntimo do meu ser, o peso da solidão e do abandono.

Mostra-me o caminho para que eu enfrente com paz e serenidade os momentos em que minha existência passa pela dor das constantes mudanças nas relações interpessoais.

Mostra-me o caminho para que eu enfrente com paz e serenidade os momentos em que a solidão e o estresse geram aflições e me provocam desequilíbrio físico, emocional e espiritual.

Mostra-me o caminho para que eu enfrente com paz e serenidade os momentos em que as dificuldades econômicas roubam a minha instabilidade emocional.

Mostra-me o caminho para que eu enfrente com paz e serenidade os momentos em que as constantes transformações na vida familiar e profissional exigem-me uma postura madura.

Mostra-me o caminho para que eu enfrente com paz e serenidade os momentos em que as inovações nos modelos de organização social ameaçam minha integridade física, emocional e espiritual, gerando um clima de insegurança e medo.

Graça do dia: Ó Sagrado Coração de Jesus, mantém meu coração na tua presença nos momentos em que as crises emocionais, físicas, espirituais ou materiais causam incertezas e vazio em minha existência.

11º dia

Ó Sagrado Coração de Jesus

Que, com tua encarnação,
Estabeleceste a comunhão
Entre o amor infinito do Pai e coração humano

Toma meu coração e não permitas que a minha existência separe o amor cristão de Deus e do próximo.

Toma meu coração e não deixes que, em minha prática cotidiana, eu separe o amor da justiça, do reconhecimento da dignidade e dos direitos do próximo.

Toma meu coração e não permitas que eu separe o ser humano de suas dimensões físicas, emocionais ou sociais, econômicas, políticas e culturais em que esteja inserido.

Toma meu coração e concede à minha existência a alegria, a prontidão de aceitar as outras pessoas sem preconceitos e discriminação.

Toma meu coração e aumenta em minha prática a sensibilidade para perceber os meus próprios sentimentos, bem como das outras pessoas que comigo se comunicam.

Toma meu coração e faze-me crescer na aptidão da comunicação verbal e na capacidade para estabelecer contatos sadios.

Toma meu coração e move minhas ações contra estruturas injustas e opressoras, a fim de atenuar as causas de muitas injustiças.

Graça do dia: Ó Sagrado Coração de Jesus, ajuda-me a diminuir a distância entre meu discurso e minha prática cotidiana.

12º dia

Ó Sagrado Coração de Jesus

Que, com tua encarnação,
Transmitiste a proteção,
A misericórdia e o amor divino,
Com a linguagem do relacionamento humano

Toma minha humanidade, com tua medida, e encaminha meus pensamentos para a simplicidade com que estabeleceste os teus relacionamentos.

Toma minha humanidade, com tua medida, renova e enriquece meus relacionamentos.

Toma minha humanidade, com tua medida, e aprofunda minha relação com a natureza, obras do amor do Pai.

Toma minha humanidade, com tua medida, e ajuda-me a crescer na relação com as instituições significativas para minha vida.

Toma minha humanidade, com tua medida, e potencializa meu crescimento em direção a tua santa vontade.

Toma minha humanidade, com tua medida, e manifesta, através do meu ser, o teu jeito solidário, amoroso e acolhedor que congrega cada pessoa no coração do Pai.

Toma minha humanidade, com tua medida, aprofunda e vitaliza meu relacionamento, a exemplo da tua intimidade com a comunicação de Deus, nosso Pai.

Toma minha humanidade, com tua medida, e ajuda-me a estabelecer uma relação próxima e vital com a natureza, obra das mãos do nosso Pai.

Toma minha humanidade, com tua medida, e ajuda-me a estabelecer uma relação próxima e vital com meus vizinhos, presença do próximo em minha existência.

Toma minha humanidade, com tua medida, e ajuda-me a estabelecer uma relação próxima e vital com a Trindade Santa, fonte da Criação e da Salvação que trouxeste ao mundo.

Graça do dia: Ó Sagrado Coração de Jesus, ajuda-me a diminuir a distância entre meu coração e tua verdade, presente no Evangelho comunicado em minha comunidade eclesial.

13º dia

Ó Sagrado Coração de Jesus

Que, na tua encarnação,
Encontraste na forma humana
A maneira adequada e simples de se relacionar
Com o coração humano

Ajuda-me a melhorar minha forma de me relacionar, para que, com tua graça, minhas conversas sejam desenvolvidas num clima de carinho, alegria, confiança, tranquilidade e delicadeza.

Ajuda-me a melhorar minha forma de me relacionar, para que, com tua graça, em minhas conversas sempre me coloque numa posição que facilite a outra parte a me escutar com melhor disposição.

Ajuda-me a melhorar minha forma de me relacionar, para que, com tua graça, em minhas conversas comunique com liberdade a confiança necessária que diminui a distância entre meus irmãos.

Ajuda-me a melhorar minha forma de me relacionar, para que, com tua graça, minhas conversas sejam realizadas de forma carinhosa e delicada.

Ajuda-me a melhorar minha forma de me relacionar, para que, com tua graça, em minhas conversas não haja espaços para irritação e gritaria.

Ajuda-me a melhorar minha forma de me relacionar, para que, com tua graça, em minhas conversas não me coloque como aquele que porta toda a verdade.

Ajuda-me a melhorar minha forma de me relacionar, para que, com tua graça, em minhas conversas eu possa estar sempre disposto a admitir meus equívocos.

Ajuda-me a melhorar minha forma de me relacionar, para que, com tua graça, em minhas conversas eu compreenda, sem resistência, as propostas que me levam a promover a vida e o bem dos meus irmãos.

Graça do dia: Ó Sagrado Coração de Jesus, Verbo do Pai, abre meu coração para um diálogo permanente com tua vontade, para minha existência.

14º dia

Ó Sagrado Coração de Jesus

Que, com tua encarnação,
Te deixaste mover pelo Espírito Santo,
Colocando-te inteiramente a serviço do Pai,
Aos homens e mulheres de todos os tempos

Empresta a meu coração a força interior que te impelia a lutar pela humanidade, não poupando sacrifícios.

Empresta a meu coração a força que te envolvia e movia a superar a vontade própria para estar a serviço dos outros.

Empresta a meu coração a força que te movia a viver o amor sem limites.

Empresta a meu coração a força que te movia interiormente, no amor a Deus, ao serviço aos necessitados da tua época.

Empresta a meu coração a força que te abria à experiência profunda de amor ao mundo.

Empresta a meu coração a força que te movia à intimidade filial junto ao Pai, quando o suplicava: "Abbá" – Pai.

Empresta a meu coração a liberdade que te permitia deixar-se guiar pelo Espírito Santo nos momentos difíceis da tua existência.

Empresta a meu coração o ardor, a alegria e o entusiasmo de proclamar as verdades sobre o projeto salvífico do Pai.

Empresta a meu coração a convicção que te fez uma pessoa incansável na luta contra as injustiças e os projetos de morte.

Empresta a meu coração a disposição presente em tua existência sinalizada pela entrega total de sua vida no dia em que foste crucificado.

Empresta a meu coração a confiança de que a vida, ação de quem trabalha pelo bem da humanidade, não termina com a morte.

Empresta a meu coração a coragem que te movia ao serviço generoso e desinteressado em favor dos irmãos.

Empresta a meu coração a força que te fazia mostrar ao mundo que a grandeza da nova comunidade não se baseia no poder, mas no serviço sem pretensões e interesses.

Graça do dia: Ó Sagrado Coração de Jesus, que disseste: "Eu vim para servir e não para ser servido" (Mt 20,28; Mc 10,45), ajuda-me a romper com a prepotência, com a pretensão de ser o melhor ou de saber mais do que os outros, e faz de mim um autêntico servidor.

15º dia

Ó Sagrado Coração de Jesus

Que, com tua encarnação,
Não distinguiste
Raça, cor e religião

Mostra-me, no agir do meu dia a dia, que ser cristão é reconhecer que Deus, por meio de sua criação, age de diferentes formas para o bem da humanidade.

Mostra-me, no agir do meu dia a dia, que ser cristão é reconhecer que Deus continua agindo através das mais variadas profissões e religiões existentes.

Mostra-me, no agir do meu dia a dia, que ser cristão e não querer ser ecumênico é inviável à comunidade cristã que o tem como centro, referência e unidade.

Mostra-me, no agir do meu dia a dia, que ser cristão é aceitar a prática do ecumenismo como algo inerente ao próprio ser.

Mostra-me, no agir do meu dia a dia, que ser cristão é reconhecer que Deus Criador nos fez diferentes para que, no nosso modo diverso de agir, manifestemos a tua grandeza ao mundo.

Mostra-me, no agir do meu dia a dia, que ser cristão é admitir que o Deus Criador continua atuando, no mundo, através das nossas diversas maneiras de expressar amor e gratidão.

Graça do dia: Ó Sagrado Coração de Jesus, que, no cotidiano de tua encarnação, aceitaste as diferenças e a liberdade de cada ser humano que conheceste e com quem conviveste, ajuda-me a respeitar e a aceitar a liberdade e as diferenças daqueles que convivem comigo no dia a dia.

16º dia

Ó Sagrado Coração de Jesus

Que, com tua encarnação,
Criaste novas formas de interação e aproximação entre as pessoas,
Eliminaste fronteiras geográficas e reduziste a distância
Entre o amor do Pai e o coração humano

Toma meu ser, liberta minha existência do desejo e da busca de isolamento.

Toma minha vida, liberta meu coração da inveja que distorce o rosto dos meus irmãos.

Toma minha existência, liberta meu coração da inveja que dá lugar ao rancor e ao caos.

Toma minha vida, não deixes julgar-me como um produto acabado e perfeito; toma meu ser.

Não permitas que teu lugar em meu coração e em minha mente seja ocupado por ideologias.

Toma minha existência, liberta meu coração da tentação de que o dinheiro enche a alma de significado.

Toma minha vida, mostra a meu coração a necessidade da conversão, como um voltar-se com todo o seu ser para tua graça.

Graça do dia: Ó Sagrado Coração de Jesus, liberta minha vida da ilusão e das fantasias que não me deixam mergulhar em profundidade na confiança da tua presença.

17º dia

Ó Sagrado Coração de Jesus

Que, com tua encarnação,
Manifestaste a face humana do amor do Pai

Ajuda-me a perceber que minha existência é composta por estágios.

Ajuda-me nos momentos em que as crises e conflitos prejudicam meu caminhar em direção a tua presença.

Ajuda-me a ver em minha vida as coisas que me chegam como elas precisam ser vistas.

Ajuda-me a me libertar dos meus bloqueios e medos, para que eu possa investir as minhas energias na transformação do mundo.

Ajuda-me a desfrutar de um relacionamento aberto, crescente contigo e com meus irmãos.

Ajuda-me a ser um promotor de crescimento, em meio às perdas, aos conflitos e às tragédias da vida no mundo.

Ajuda-me a renovar o sentimento de confiança em tua graça atuante na história.

Ajuda-me a realizar minha vocação e, assim, auxiliar os demais a investir em suas vidas com propósito, compromisso e alegria.

Ajuda-me a lidar com consciência ante as tensões interiores dos diferentes complexos que interferem na minha qualidade de vida.

Ajuda-me a me libertar das atitudes inadequadas, das distorções de percepção quanto à realidade, bem como dos medos, das culpas e iras inadequadas.

Graça do dia: Ó Sagrado Coração de Jesus, capacita-me para a responsabilidade, como cidadão que se engaja em prol de uma melhor condição de vida, em busca de uma sociedade mais livre, democrática e justa.

18º dia

Ó Sagrado Coração de Jesus

Que, com a tua encarnação,
Assumiste a condição de Pastor que,
No trato com suas ovelhas,
As protege, cuida dos seus ferimentos,
Defende-as dos inimigos
E as busca de volta quando se desviam

Faze com que meu coração experimente o teu amor protetor e salvífico.

Faze com que meu coração abra-se ao teu amor que tudo repara.

Faze com que meu coração abra-se às tuas experiências curativas.

Faze com que meu coração acolha a realização da tua comunhão plena.

Faze com que meu coração aprenda a depender da tua graça para superar minhas sombras e limitações.

Graça do dia: Ó Sagrado Coração de Jesus, encarnação do Verbo Divino, ajuda-me à medida que entro em contato com as páginas do teu Evangelho, para que meu jeito de agir e pensar se assimile ao teu.

19º dia

Ó Sagrado Coração de Jesus

Que, com tua encarnação,
Tornaste a comunicação infinita do Pai,
Ao coração de todos os homens e mulheres,
Aberta à tua atuação salvífica

Ajuda-me a entender que o diálogo é algo inerente ao ser humano, indispensável para minha própria existência.

Ajuda-me a entender que nós, seres humanos, precisamos fazer bom uso de todas as formas de expressão, dos recursos tecnológicos criados por inspiração do Pai.

Ajuda-me a compreender que, a partir da minha condição comunicativa, interagindo com o mundo que me cerca, causo e sofro transformações.

Ajuda-me a compreender que a interação é indispensável para a formação da identidade cristã, da manutenção dos teus ideais.

Ajuda-me a compreender que, por meio da comunicação, do relacionamento, da interação, encontrarei uma solução para os problemas, as crises e dificuldades humanas.

Ajuda-me a formatar os meus relacionamentos ao teu jeito de ser, comunicar e se relacionar.

Ajuda-me a assimilar a tua comunicação, tu que, mediante a encarnação, te revelaste o perfeito Comunicador.

Graça do dia: Ó Sagrado Coração de Jesus, ajuda-me a viver e a transmitir os teus ensinamentos, tua mensagem, não somente com palavras, mas em toda a realização da minha vida.

20º dia

Ó Sagrado Coração de Jesus

Que, com tua encarnação,
Te tornaste o Evangelho vivo
No coração da humanidade

Que, ao abrir teu Evangelho, eu o sinta como uma carta muito antiga, escrita por alguém que me ama.

Que, ao abrir teu Evangelho, eu sinta o desejo de compreender seu sentido.

Que, ao abrir teu Evangelho, eu sinta depressa o desejo de pôr em prática, na minha vida, o pouco que descobri.

Que, ao abrir teu Evangelho, eu descubra nas profundezas de mim mesmo o Mistério da Fé.

Que, ao abrir teu Evangelho, eu sinta que nem tudo é adquirido de uma só vez.

Que, ao abrir teu Evangelho, eu sinta que uma vida interior elabora-se passo a passo.

Que, ao abrir teu Evangelho, eu sinta que, no mais profundo da minha condição humana, repousa a espera da tua presença.

Que, ao abrir teu Evangelho, eu sinta o desejo silencioso de uma comunhão com teus projetos.

Que, ao abrir teu Evangelho, eu não me esqueça de que meu simples desejo de Deus já é o começo da fé.

Que, ao abrir teu Evangelho, eu sinta que ninguém consegue compreender sozinho todo o Evangelho.

Que, ao abrir teu Evangelho, eu sinta que, na comunhão da tua Igreja, não me apoie apenas sobre a minha fé, mas sobre a fé dos cristãos de todos os tempos.

Que, ao abrir teu Evangelho, eu sinta que, meditando a tua Palavra, coloco-me face a face com tua face ressuscitada.

Graça do dia: Ó Sagrado Coração de Jesus, ajuda-me a compreender que, quanto mais me aproximo do teu Evangelho, mais devo aproximar-me dos meus irmãos.

21º dia

Ó Sagrado Coração de Jesus

Que, com tua encarnação,
Formastes com o coração humano laços indissolúveis

Dá, a meu coração e ao coração de cada membro da minha família, a graça de uma convivência baseada na docilidade da tua Palavra.

Convence meu coração que, no lar, cada um deve ter espaço para compartilhar problemas, resolver dúvidas, comemorar vitórias.

Convence meu coração que, no lar, é preciso respeitar as diferenças, evitar agressões verbais e emocionais.

Convence meu coração que, no lar, devemos aprender a ouvir para que o diálogo seja completo.

Convence meu coração que não podemos julgar antes de saber o motivo de um ato que nos desagradou, de uma palavra que nos feriu.

Convence meu coração que comunicação sincera favorece o perdão.

Convence meu coração a perceber que minhas palavras e ações unem ou separam as pessoas.

Dá a meu coração o tempo de silêncio necessário para cicatrizar as feridas causadas pelas minhas palavras impensadas.

Dá a meu coração a sabedoria para me comunicar nos momentos em que a raiva, a mágoa, a hostilidade, o rancor e o ressentimento invadirem a alma.

Mostra a meu coração e ao coração de cada membro da minha família tua maneira de expressar o amor, através de palavras e pequenos gestos.

Não permitas que o ódio feche os nossos olhos para que não vejamos em nosso semelhante um amigo.

Não permitas que a falta de sensibilidade distancie nosso coração da prática da caridade com teus preferidos, os pobres de todos os tempos.

Não permitas que a crueldade seja o alimento do nosso coração, que nos afaste dos teus divinos mandamentos.

Graça do dia: Ó Sagrado Coração de Jesus, que, com docilidade, acolheste a santa vontade do teu e nosso Pai, abre meu coração para acolher a harmonia, o equilíbrio e a paciência quando as queixas, o cansaço e a impaciência me tomam a alma.

22º dia

Ó Sagrado Coração de Jesus

Que, com tua encarnação,
Quebraste o muro que nos distancia do coração do Pai
E da convivência dos homens com os homens

Torna meu coração disposto a tornar mais visível a unidade da família humana.

Torna meu coração disposto a resistir à violência.

Torna meu coração disposto a lutar contra as discriminações.

Torna meu coração disposto a ultrapassar os muros do ódio e da indiferença.

Torna meu coração disposto a perceber que os maiores muros não estão edificados entre um continente e outro, mas no interior do coração humano.

Torna meu coração disposto a escolher amar, escolher a esperança.

Torna meu coração disposto a ir ao encontro do outro, por vezes de mãos vazias, para acolher sua oferta de amor.

Torna meu coração disposto a perceber que tu me esperas sempre, nos pequenos e pobres, teus preferidos.

Torna meu coração disposto a lutar contra as desigualdades que alimentam o medo diante do futuro.

Torna meu coração disposto a consagrar, com coragem, minhas energias para modificar estruturas de injustiça.

Torna meu coração disposto a entender que as desigualdades provocam, mais cedo ou mais tarde, violências.

Torna meu coração disposto a entender que, quem vive na tua presença, escolhe sempre amar.

Graça do dia: Ó Sagrado Coração de Jesus, torna meu coração disposto a amar, pronto para irradiar uma bondade sem limites.

23º dia

Ó Sagrado Coração de Jesus

Que, com tua encarnação,
Nos mostraste que não existe entrega
Sem um amor verdadeiro

Mostra-me, a exemplo do teu Sagrado Coração, que, quem procura amar com confiança, sua vida enche-se de uma beleza serena.

Mostra-me, a exemplo do teu Sagrado Coração, que, quem procura amar e dizê-lo através da sua vida, alivia as penas e os tormentos daqueles que estão próximo ou longe.

Mostra-me, a exemplo do teu Sagrado Coração, que, quem procura amar, partilha sem preconceito do sofrimento dos mais maltratados.

Mostra-me, a exemplo do teu Sagrado Coração, que, quem procura amar de forma desinteressada, esquece de si próprio por causa dos outros.

Mostra-me, a exemplo do teu Sagrado Coração, que, quem procura amar, vive reconciliado.

Mostra-me, a exemplo do teu Sagrado Coração, que, quem procura amar, acolhe a consolação do Espírito Santo.

Mostra-me, a exemplo do teu Sagrado Coração, que, quem procura amar, se abandona ao coração do Pai.

Mostra-me, a exemplo do teu Sagrado Coração, que, quem procura amar, reencontra a confiança da fé e a paz do coração.

Mostra-me, a exemplo do teu Sagrado Coração, que, quem procura amar, mesmo que se encontre no limite da dor, vive na alegria do Evangelho.

Graça do dia: Ó Sagrado Coração de Jesus, mostra-me no meu dia a dia que, quem procura amar, comunica o perdão e a compaixão, tornando acessível a comunhão contigo.

24º dia

Ó Sagrado Coração de Jesus

Que, com tua encarnação,
Nos mostraste que vivenciar a reconciliação e a paz
Supõe uma luta interior

Mostra-me que o caminho da reconciliação não é um caminho de facilidades.

Mostra-me que nada de duradouro constrói-se na facilidade.

Mostra-me que o caminho da reconciliação começa quando o coração se alarga.

Mostra-me que o caminho da reconciliação supõe uma bondade profunda que recusa dar ouvidos à desconfiança.

Mostra-me que o caminho da reconciliação passa pelo caminho da confiança de coração imerso na bondade.

Mostra-me que o caminho da reconciliação vai nos levar a percorrer de começo em começo, em direção a um futuro de paz.

Graça do dia: Ó Sagrado Coração de Jesus, ajuda-me, no dia a dia da minha existência, a mergulhar meu coração na tua reconciliação que gera a paz.

25º dia

Ó Sagrado Coração de Jesus

Que, com tua encarnação,
Passaste pelas atribulações
Com serenidade e paz

Ensina-me que, para manter a minha alma em paz, preciso, a cada minuto, mergulhar em tua simplicidade.

Vem em meu auxílio, nos momentos em que a agitação dos meus pensamentos, como tempestade, sacode o barco da minha existência.

Sê minha calma nos momentos em que estiver perdido, incapaz de apaziguar a mim mesmo.

Mostra-me, a teu jeito, que guardar ou rejeitar os mandamentos é uma questão de vida ou de morte para minha alma.

Ajuda-me a compreender que palavras ditas com voz forte fazem-se ouvir, impressionam, mas nem sempre tocam teu coração.

Ajuda-me a compreender que tua vontade para nossa vida precisa ser compreendida e acolhida.

Como o profeta Elias, faz com que tua palavra chegue a meu coração como o murmúrio de uma brisa suave.

Mostra-me que a silenciosa força da tua palavra é capaz de quebrar os corações de pedra.

Graça do dia: Ó Sagrado Coração de Jesus, preenche meu coração com teu infinito amor, livra-me do cansaço, da falta de esperança e da prática da injustiça.

26º dia

Ó Sagrado Coração de Jesus

Que, com tua encarnação,
Assumiste a vida humana
Com disposição e maturidade emocional

Mostra-me o caminho do amadurecimento emocional para que eu conheça, assuma e pratique meus sentimentos ante os acontecimentos vivenciados no cotidiano da minha existência.

Mostra-me o caminho do amadurecimento emocional para que eu possua um relativo domínio das minhas emoções e de mim mesmo.

Mostra-me o caminho do amadurecimento emocional, ensina-me que maturidade se manifesta, dentre outros aspectos, pela aceitação de mim mesmo, pelo respeito ao próximo, pela aceitação de responsabilidades, pelo senso de proporção, objetividade e humor.

Mostra-me o caminho do amadurecimento emocional, preparando meu coração para lidar com meus sentimentos com serenidade e paz.

Mostra-me o caminho do amadurecimento emocional, ajuda-me a conhecer e direcionar a estrutura e o funcionamento do meu mundo mental, para que eu garanta qualidade à vida emocional.

Mostra-me o caminho do amadurecimento emocional, ajuda--me a avaliar as minhas emoções, para que eu não repita os padrões aprendidos na infância.

Mostra-me o caminho do amadurecimento emocional, ajuda--me a crescer em minhas competências emocionais, para que eu seja capaz de identificar, entender e administrar o prazer, o terror, o medo, o fascínio, a compaixão, a angústia e a dor, sentimentos que são frutos do relacionamento com os outros.

Mostra-me o caminho do amadurecimento emocional, ajuda--me a compreender que a maturidade emocional está presente na capacidade de conciliar: as pressões do dia a dia com a prática de alegria cotidiana; as preocupações causadas pelos problemas pessoais com o desempenho profissional, a simpatia com os outros, mesmo diante de contrariedades.

Mostra-me o caminho do amadurecimento emocional, não me deixes esquecer de que não se indignar com as injustiças praticadas contra quem quer que seja revela uma falta de maturidade em todos os sentidos da vida cristã.

Graça do dia: Ó Sagrado Coração de Jesus, concede-me a graça de compreender que a maturidade que busco, no teu coração, manifesta--se, dentre outros aspectos, pela aceitação e confiança em mim mesmo, pelo respeito ao próximo, pela aceitação de responsabilidades, pela paciência, pela capacidade de recobrar o ânimo e o senso de humor.

27º dia

Ó Sagrado Coração de Jesus

Que, com tua encarnação,
Nos mostraste o valor do silêncio,
Como parte do encontro interior
E com a vontade divina do nosso Pai

Ajuda-me a valorizar o silêncio, como um momento único de encontro com a vontade de Deus, nosso Pai, para minha vida e para o bem dos irmãos.

Ajuda-me a valorizar o silêncio, deixando-me guiar pelo mais antigo livro de oração, os Salmos bíblicos, onde, com tua graça, minha oração, de um lado, se faz lamento e pedido de socorro; e, de outro, agradecimento e louvor.

Ajuda-me a valorizar o silêncio, preechendo-o com tua ternura, porque minha oração não precisa de muitas palavras.

Ajuda-me a valorizar o silêncio, fazendo desse silêncio comunhão com tua graça.

Ajuda-me a valorizar o silêncio, concedendo-me a graça do silêncio interior, em que, por várias vezes, luto comigo mesmo.

Ajude-me a valorizar o silêncio, mostrando-me que manter minha alma em paz é confiar a Deus o que está fora do meu alcance e das minhas capacidades.

Ajuda-me a valorizar o silêncio, ensinando-me que, quando cesso as palavras e os pensamentos, tu és louvado no enlevo silencioso e na admiração.

Ajuda-me a valorizar o silêncio, ensinando-me que esse silêncio prepara-nos para um novo encontro com Deus Pai e para convivência com os irmãos.

Ajuda-me a valorizar o silêncio, mostrando-me que, nesse silêncio, tua palavra atinge os recantos escondidos do nosso coração.

Ajuda-me a valorizar o silêncio, fazendo-me compreender que, no silêncio, deixamos nos esconder em Deus, fonte de cura das feridas que tenho vergonha de assumir.

Ajuda-me a valorizar o silêncio, ensinando-me que, no encontro com o Pai, no interior humano, pelo Espírito Santo, Cristo reza mais do que nós imaginamos.

Graça do dia: Ó Sagrado Coração de Jesus, vem em meu auxílio, acalma os ventos impetuosos que sacodem o mar da minha vida e silencia meu coração quando agitado pelo medo e pelas inquietações.

28º dia

Ó Sagrado Coração de Jesus

Que, com tua encarnação,
Colocaste em prática a missão recebida do Pai:
Reconciliar os homens com os homens e com Deus

Concede-me a graça de aceitar, corajosamente, o teu divino chamado, na prática da minha vida familiar, no exercício dos meus compromissos sociais, no apelo ao compromisso pelos outros.

Concede-me a graça de aceitar, corajosamente, o teu divino chamado, aceitando o que sou chamado a ser, aceitando, na paz e na serenidade, também aquilo que não sou chamado a ser.

Concede-me a graça de aceitar, corajosamente, o teu divino chamado, nos apelos e desafios da minha comunidade, na entrega alegre e inteira à tua vontade.

Concede-me a graça de aceitar, corajosamente, o teu divino chamado, na descoberta de que feliz é aquele que não se abandona ao medo, mas sim à presença do teu Espírito Santo.

Concede-me a graça de aceitar, corajosamente, o teu divino chamado, na descoberta de que o teu chamado é um convite à liberdade, um apelo ao encontro com teu abraço amoroso.

Concede-me a graça de aceitar, corajosamente, o teu divino chamado, com a consciência de que não estou sozinho a te seguir, mas, sim, envolto no mistério de comunhão na Igreja, onde o nosso sim se torna louvor.

Concede-me a graça de aceitar, corajosamente, o teu divino chamado, com a consciência de que, no teu Divino Coração, pertencemos uns aos outros.

Concede-me a graça de aceitar, corajosamente, o teu divino chamado, com todos os que proclamam tua verdade, com a consciência de que, quando os cristãos estão separados, a mensagem do teu Evangelho torna-se inaudível.

Graça do dia: Ó Sagrado Coração de Jesus, concede-me a graça de trabalhar pela unidade dos cristãos, com a consciência de que, o que nos une é mais importante do que aquilo que nos separa.

29º dia

Ó Sagrado Coração de Jesus

Que, com tua encarnação,
Na consolação do Espírito Santo,
Caminhaste com serenidade e paz,
Manifestando seus sentimentos profundos
Do coração do Pai

Educa meu coração para entender que, com tua entrega livre e consciente, Deus nos oferece seu amor gratuitamente.

Educa meu coração para entender que, pela sua Palavra, Deus vem ao encontro de quem a escuta e a põe em prática.

Educa meu coração para entender que, com tua confiança na vontade do Pai, nos conduziste à liberdade de filhos de Deus.

Educa meu coração para entender que, com teus ensinamentos, nos convidaste a interiorizar a Palavra de Deus.

Educa meu coração para entender que, com teu testemunho de vida, nos conduziste a uma só e única comunhão.

Educa meu coração para entender que teus exemplos alimentam nossa esperança, fazem crescer nossa determinação para procurar a unidade visível entre todos os cristãos.

Educa meu coração para entender que, com teus gestos, tornaste o amor de Deus mais perceptível a cada um dos seres humanos, sem exceção, para com todos os povos.

Educa meu coração para entender que, através da tua vida, do humilde compromisso para com os outros, nos desafiaste à construção do teu Reino, que também é nosso.

Educa meu coração para entender que, com tua compaixão, nos ensinaste que aquilo que Deus nos pede e oferece, é que recebamos sua infinita misericórdia.

Educa meu coração para entender que, com tua ternura, eu descubra que teu amor é, antes de tudo, perdão, no qual meu coração encontra vitalidade.

Educa meu coração para entender que tua vida nos mostrou que, quem vive de Deus, escolhe amar de coração livre, irradia um amor sem limites.

Graça do dia: Ó Sagrado Coração de Jesus, ensina-me a acolher a consolação do Espírito Santo, na vivência do silêncio e na busca pela paz.

30º dia

Ó Sagrado Coração de Jesus

Que, com tua encarnação,
Amaste o mundo de maneira simples e única

Faz que meu coração, unido a teu amado coração, ame o mundo com teu amor.

Faz que meu coração, unido a teu amado coração, saiba amar, perdoar e servir.

Faz que meu coração, unido a teu amado coração, compreenda que todos os homens constituem uma só família e teu Espírito habita cada ser humano, sem exceção.

Faz que meu coração, unido a teu amado coração, compreenda que tua presença em toda a criação implica respeito pelas outras pessoas e pelo que é sagrado para elas.

Faz que meu coração, unido a teu amado coração, compreenda que a fé é um reavivar a atenção para com Deus e um respeito pelo homem.

Faz que meu coração, unido a teu amado coração, apreenda que, para Deus, todo ser humano é sagrado.

Faz que meu coração, unido a teu amado coração, compreenda cada vez mais que Cristo, ao abrir os braços na cruz, juntou em Deus toda a humanidade.

Graça do dia: Ó Sagrado Coração de Jesus, que, com tua encarnação, fez do silêncio uma das formas de encontro com a vontade de Deus nosso Pai, ajuda-me a fazer do respeito pelos irmãos uma forma de encontro com teu amor por mim.

Rua Dona Inácia Uchoa, 62
04110-020 – São Paulo – SP (Brasil)
Tel.: (11) 2125-3500
http://www.paulinas.com.br – editora@paulinas.com.br
Telemarketing e SAC: 0800-7010081